AF193476

RIZPAJ

María José Schultz

RIZPAJ

Y su silencio elocuente

SAN PABLO

Colección dirigida por Silvia Martínez Cano

María José Schultz (Viña del Mar, Chile, 1978) se licenció en Teología Bíblica en la Universidad Pontificia de Salamanca y se doctoró en Teología en la Universidad de Deusto. Trabaja como profesora de Nuevo Testamento en La facultad de Teología de la Universidad de Deusto. Actualmente participa en el equipo editorial de la revista Salmanticensis de la Universidad Pontificia de Salamanca y en la revista Reseña Bíblica de la Asociación Bíblica Española donde contribuye desde la sección América a dar a conocer a biblistas, estudios y congresos bíblicos latinoamericanos.

© SAN PABLO 2024
 Protasio Gómez, 11-15. 28027 Madrid
 Tel. 917 425 113
 E-mail: secretaria.edit@sanpablo.es - www.sanpablo.es
© María José Schultz Montalbetti, 2024
© Ilustración de portada: Silvia Martínez Cano, 2024
© Ilustraciones de interior: Montserrat Martín Blanco, 2024

Distribución: SAN PABLO. División Comercial
Resina, 1. 28021 Madrid
Tel. 917 987 375
E-mail: ventas@sanpablo.es
ISBN: 978-84-285-7224-8
Depósito legal: M. 23.452-2024
Printed in Spain. Impreso en España

Introducción

Este pequeño estudio trata sobre la historia de Rizpaj en la obra de Samuel. Ella es una mujer que aparece solo en dos ocasiones a lo largo de esta parte de la Biblia, sin embargo, por lo que se dice parece que su intervención en la historia de Israel fue determinante. El propósito de este comentario es ayudar a comprender a Rizpaj y apreciar los motivos por los que el pueblo de Israel ha querido conservar en su memoria la historia de la concubina de Saúl.

Algunas palabras que nos enmarcan el desarrollo que vamos a hacer son:

- *Concubinas:* Tener concubinas entre los reyes de Israel y Judá era propio de la cultura semita, al igual que en cualquier reino del antiguo Oriente Próximo (Cant 6,8-9). Se distinguían claramente de las esposas oficiales, pues estaban en un nivel secundario con respecto a ellas (2Sam 5,13; 1Re 11,13; 2Crón 11,21). Tener relaciones sexuales con la concubina de un monarca equivalía a usurpar el trono (2Sam 3,7; 16,21-22).

- *Casa de Saúl y casa de David:* El término «casa» en la Biblia tiene múltiples acepciones. En el libro de Samuel «casa de...» hace alusión a todos los miembros de la corte que, por linaje o por compromiso, están vinculados con el rey, que es el cabeza de familia. Cuando la casa de Saúl extendió su dominio hacia las tribus del norte también se le identificó con el término «casa de Israel».

- *Gabaonitas:* Dícese de las personas que pertenecen a la tribu de Gabaón. Vivían en pueblos cercanos a Jerusalén, pero no eran israelitas. En el libro de Josué se describe un tratado realizado entre él y los de Gabaón donde se aseguraba la protección de estos y quedaba prohibido atacarlos. Saúl los considera enemigos de Israel; esto lo lleva a incumplir el tratado firmado en la antigüedad y lucha por exterminarlos.

No es fácil reconstruir la historia de una mujer que aparece únicamente dos veces en todo el Antiguo Testamento y de la que no se conoce voz, apariencia ni pensamiento. Animarse a escribir sobre ella se debe a que la acción que realiza, aunque se recuerda en unos pocos versículos, fue tremendamente elocuente en su tiempo y lo sigue siendo hasta el día de hoy.

La historia de Rizpaj que se recoge en este breve comentario no solo tiene la pretensión de darle voz a una mujer bíblica de la que se hace memoria en la obra de Samuel. Quiere, del mismo modo, homenajear a tantas mujeres que, a lo largo de la historia de la humanidad, con sus gestos y desde su lugar marginal, han contribuido a devolver la dignidad a miles de víctimas. Víctimas de la violencia, ya sea política, del Estado, de la guerra, de la pobreza, víctimas de la maldad humana que han sido silenciadas con su muerte, pero salvadas y dignificadas por el recuerdo de sus mujeres.

La mujer de quien hacemos memoria tiene por nombre Rizpaj, cuyo significado es «brasas o piedra candente, brillante». La información sobre ella se encuentra en 2Sam 3,6-10 y en 2Sam 21,1-14. La primera cita informa de que es hija de Aiá. El nombre Aiá/Ayias aparece en 1Crón 1,40 como uno de los hijos de Sibón, jefe de un clan edomita. Se dice, además, que es concubina de Saúl. Saúl, como rey, no podía casarse con una mujer no israelita, pero podía hacerla su concubina. En la segunda cita, dice de ella que tuvo con el rey dos hijos, Armoní y Mefibóset. A la muerte del rey Saúl es utilizada por Abner, general del ejército y tío del rey, quien se apropia de ella para tener relaciones sexuales. Esto se debe a que una vez vencido un rey quedarse con sus concubinas es signo de la intención de hacerse con el poder absoluto sobre esa casa. Con este gesto Abner manifiesta su intención de apoderarse de la casa de su sobrino Saúl y debilitar el poder del nuevo rey. En la escena de 2Sam 21,6-9 Rizpaj aparece bajo la condición de viuda de Saúl y en estado de luto por la muerte de sus dos hijos.

A fin de valorar y comprender por qué el autor del libro de Samuel ha querido conservar en la memoria del pueblo de Israel los actos de Rizpaj, en la primera parte del texto se desarrolla el contexto histórico en el que ocurren estos acontecimientos. En la segunda parte, se examina el rol de Rizpaj en los relatos que la recuerdan y, en la parte final, a modo de conclusión, se ofrece una actualización teológica del gesto de Rizpaj.

Antecedentes del libro 1-2 Samuel

Los libros de Samuel conforman dos partes de una sola historia. Se trata de la historia de los inicios de la monarquía en Israel y la acción de Dios a través de ella. Su nombre se debe al rol protagónico de Samuel como juez y profeta de Yavé en los inicios de la monarquía de Israel. A lo largo de la narración se entrecruzan diversas voces y acciones provenientes de sus tres principales protagonistas. Por una parte, la voz profética de Samuel, que busca interpelar a los reyes en su actuar dando a conocer el mandato de Yavé en cada situación. Y, por otra parte, las acciones de los monarcas, Saúl y David, que luchan por instaurar su dominio y poder entre los pueblos. Cada monarquía personifica un modo de gobernar, modelos que el autor del libro busca ofrecer como opuestos, con la intención de educar a sus lectores a partir de los aciertos y errores de los reyes que iniciaron la monarquía en Israel.

El desarrollo de la historia parte de la descripción de las diferentes amenazas extranjeras –filisteos y amonitas– que sufre el pueblo de Israel bajo la gobernanza de sus primeros reyes, Saúl y David. A ello se añade la denuncia de los pecados tanto religiosos como de carácter ético. Por nombrar algunos: la desobediencia de Saúl (1Sam 13 ,7-15; 15), el orgullo de David (2Sam 24), la corrupción de los hijos de Samuel (1Sam 8,3), la envidia de Saúl (1Sam 18,8-6), la masacre de los sacerdotes (1Sam 22,6-23), el espíritu de venganza (1Sam 22,6-23), el adulterio de David (2Sam 11) o el incesto de Amnón (2Sam 13).

Una característica particular de estos libros es que comienzan y terminan con cánticos: el de *Ana* (1Sam 2,1-10) y *las últimas palabras de David* (2Sam 23,1-7). Ello indica al lector que, la actitud a tener en la lectura no debe centrarse en la curiosidad por conocer los detalles de la historia de Israel, sino en contemplar los pecados que el pueblo y sus gobernantes cometieron, donde son expuestos como principal causa de sus sufrimientos, y la forma en que Dios, aun conociendo dicho pecado, actuó en favor de su pueblo. En esta larga historia Rizpaj es una de las mujeres que, con su actitud elocuente, dejará en evidencia la inhumanidad que se produce en los contextos de guerra y que, contagia y toleran los reyes de Israel.

Contexto histórico en el que se enmarca la vida de Rizpaj

La historia que aborda la obra de Samuel acontece en la zona de Canaán entre los años 1050 y 970 a.C. En ese periodo de tiempo el territorio estaba habitado por diversas tribus, cuyas fronteras no estaban del todo definidas y sus líderes luchaban por conquistarlas. Los filisteos, uno de los pueblos más poderosos de la zona, situados en la zona costera al sur de Canaán, eran una constante amenaza, ya que buscaban penetrar en el territorio interior a través de las montañas de Galilea. Entre los demás pueblos enemigos estaban los amalecitas y otras tribus menos fuertes como los amonitas, los moabitas y los idumeos. En ese contexto bélico tribal surge Samuel como juez de Israel y profeta de Yavé; quien, como personaje de una etapa de transición entre la época de los jueces y la monarquía, interviene en la constitución de Saúl como primer rey y en la unción de David como sucesor de este.

Saúl, el siguiente protagonista de la historia, era hijo de Quis, de la tribu de Benjamín. Su mujer se llamaba Ahinóam, hija de Ahimaas (1Sam 14,50). Fue ungido como rey de Israel por Samuel hacia el año 1030 a.C., después de haber conseguido la victoria contra los amonitas en Yabés de Galaad (1Sam 9,15-17; 10,1). Sin embargo, rápidamente cae en desgracia por no escuchar los designios de Yavé advertidos por el profeta. Ante su derrota y condena, Samuel unge a David como rey de la tribu de Judá, quien gobernó entre los años 1010 y 970 a.C. Durante los siete primeros años reina solo sobre Judá (1Sam 2,1-7), posteriormente, para conseguir la victoria definitiva y el reconocimiento por parte de las demás tribus, debió litigar con algunas de ellas. Solo después del asesinato de Isbóset, hijo de Saúl, junto con la eliminación de Abner, jefe del ejército de Saúl, David es proclamado rey de todo Israel, es decir, también de las tribus del norte (1Sam 5,1-5). En ese contexto se inserta la historia de Rizpaj.

El rol de Rizpaj en la obra de Samuel

La breve historia de Rizpaj se completa con la información que aparece en las dos citas donde se alude a ella en la obra de Samuel, se trata de 2Sam 3,6-10 y 2Sam 21,1-14.

Rizpaj en 2Sam 3,6-10

En la primera sección de 2Sam, entre los capítulos 1 y 5, la historia aborda la unción de David como rey de Judá y, con ello, la disputa del trono con Isbóset, hijo de Saúl, rey de Israel. Rizpaj aparece en el diálogo que se entabla entre dos personajes, Abner, jefe del ejército de Saúl y tío de este, e Isbóset, hijo de Saúl, quien aspira a asumir el trono de su padre:

Mientras continuaba la guerra entre la casa de Saúl y la casa de David, Abner adquiría más y más poder sobre la casa de Saúl. Saúl había tenido una concubina llamada Rizpaj, hija de Aiá, con la que Abner tuvo relaciones. Por esto, Isbóset reprendió a Abner: «¿Por qué te acostaste con la concubina de mi padre?». Abner se enojó mucho por la reclamación de Isbóset, y le contestó: «¿Acaso soy un perro al servicio de Judá? Yo he sido fiel a la casa de Saúl, tu padre, y a sus parientes y amigos, y no te he entregado en manos de David. ¿Y tú me acusas ahora de haber pecado con una mujer? ¡Que el Señor me castigue con dureza, si no hago con David lo que el Señor le ha prometido, quitando del trono a la dinastía de Saúl y estableciendo a David en el trono de Israel y de Judá, desde Dan hasta Berseba!».

La breve aparición de Rizpaj en este fragmento del relato viene de parte de un narrador anónimo, omnisciente, que sitúa al lector, en primer lugar, ofreciendo un contexto histórico, esto es: la disputa entre la casa de David (Judá) y la casa de Saúl (Israel). Y, en segundo lugar, aportando datos sobre el contexto próximo, dado que advierte de la pretensión que ejerce uno de los personajes fundamentales en esta historia, Abner, para alcanzar mayor poder en la casa real, donde es jefe del ejército. Abner es hijo de Ner, hermano del padre de Saúl (1Sam 14,50). En la historia es quien busca tener mayor poder en la casa de su sobrino, aprovechando que esta se había debilitado con la muerte de Saúl (2Sam 3,1).

Isbóset, con quien dialoga Abner, es hijo de Ahinóam y de Saúl. Para entender la discusión entre ambos hay que saber que un elemento determinante de la monarquía es la naturaleza hereditaria del gobierno, a fin de asegurar su recta administración. Esto explica por qué Isbóset, como primogénito de la casa de Saúl, aspira al trono de su padre. En el diálogo con Abner lo que Isbóset le recrimina es haberse apropiado de Rizpaj, concubina de Saúl, y haber tenido relaciones sexuales con ella, sin tener derecho alguno sobre ella. Culturalmente, quedarse con la concubina del rey era entendido como signo de la pretensión de hacerse con el poder de este. Ante la muerte o derrota de un rey, las mujeres que antes estaban bajo su cuidado, representan al cuerpo superviviente de la casa real, por ello, con la desaparición del rey, algunas o todas las mujeres eran llevadas a la casa del sucesor o vencedor con fines sexuales. Simbólicamente sus cuerpos pasaban a ser el campo de batalla, pues quien yacía con ellas, también se hacía con la casa real.

No obstante, aquello que está en discusión en el relato no es la apropiación que hace Abner de Rizpaj sin su consentimiento, sino el hecho de no respetar al sucesor del rey, Isbóset, como legítimo monarca, a quien le corresponde decidir la suerte de las concubinas de su padre. La trama del relato es la disputa por el trono de la casa de Israel. Abner pone en duda la legitimidad de Isbóset al tomar a Rizpaj y hacerla suya sin tener derecho sobre ella. Lo que da a entender el relato es que el jefe del ejército de Saúl no solo ha perdido el respeto al sucesor del rey, sino que también ha puesto su lealtad en otro que no es Isbóset. En adelante, el diálogo da cuenta de que Abner busca hacer un trato con David con la finalidad de que la casa de Israel le reconozca como su nuevo rey (2Sam 3,12ss.).

En esta situación de conflicto político por el poder entre el hijo del rey y el jefe del ejército, aparece Rizpaj como un personaje secundario, cuya única importancia se debe a su condición de objeto de propiedad del rey. Apoderarse de ella es quitarle al rey «algo» que le pertenece y a lo que se le reconoce valor, en cuanto es parte de la corte real como concubina. Cabe mencionar que, al ser designada como «concubina» en el relato, el narrador deja claro al lector que Rizpaj no es la esposa oficial o reina consorte de la casa de Saúl ni miembro de la realeza, tiene más bien

El término «concubina» hace alusión a su condición como segunda esposa, un lugar relegado en la corte.

una posición secundaria porque es parte de la casa real por la relación que tiene con el rey. El término «concubina» hace alusión a su condición como segunda esposa, un lugar relegado en la corte. Este tipo de vínculo con el rey significaba que las mujeres de la monarquía no solo eran parte de la institución, sino que, independiente de su rango jerárquico y su actuar, las acciones que se ejercían sobre ellas afectaban a la administración de la casa.

En las monarquías de Oriente Próximo, el rey era el responsable de proporcionar paz, justicia y seguridad a su reino. Su apoyo y su futuro dependían de su capacidad para proveer el bienestar de su gente y su pueblo. Esto quiere decir que si Abner pudo apropiarse de la concubina de Saúl, se debe a que su casa estaba perdiendo o ya había perdido todo su poder, y su corte, por tanto, podía ser violentada por causa de la falta de protección del rey. Lo ocurrido a Rizpaj en manos de Abner es signo del debilitamiento del poder de la casa de Saúl y representa, a su vez, la caída militar, política, social y moral de la casa de Israel, en cuanto su legítimo heredero no había podido proteger a la concubina de su padre, poniendo en duda con ella su capacidad de gobernar.

Rizpaj en 2Sam 21,1-14

El segundo texto en el que aparece Rizpaj dice así:

En tiempos de David hubo un hambre que duró tres años seguidos. Entonces David consultó al Señor, y el Señor le respondió: «El hambre se debe a los crímenes de Saúl y de su familia, porque asesinaron a los gabaonitas». David llamó a los gabaonitas y habló con ellos (los gabaonitas no eran israelitas, sino un grupo que aún quedaba de los amorreos con quienes los israelitas habían hecho un juramento, y a quienes Saúl, en su celo por la gente de Israel y de Judá, había tratado de exterminar). David

les preguntó: «¿Qué puedo hacer por vosotros? ¿Cómo puedo reparar el daño que se os hizo, para que bendigáis al pueblo del Señor?». Los gabaonitas le respondieron: «No es cuestión de dinero lo que tenemos pendiente con Saúl y su familia, ni queremos que muera nadie en Israel». David les dijo: «Decidme entonces qué queréis que haga por vosotros». Y ellos contestaron: «Del hombre que quiso destruirnos e hizo planes para eliminarnos y para que no permaneciéramos en todo el territorio de Israel, queremos que se nos entreguen siete de sus descendientes, y nosotros los colgaremos ante el Señor en Guibeá de Saúl, el escogido del Señor».

El rey convino en entregárselos, aunque se compadeció de Mefibóset, hijo de Jonatán y nieto de Saúl, por el sagrado juramento que se habían hecho él y Jonatán. Sin embargo, apresó a los dos hijos que Rizpaj, hija de Aiá, había tenido con Saúl, y que se llamaban Armoní y Mefibóset, y a los cinco hijos que Merab, hija de Saúl, tuvo con Adriel, hijo de Barzilai de Meholá; y se los entregó a los de Gabaón, que los ahorcaron en el monte, delante del Señor. Así, juntos, murieron los siete en los primeros días de la siega de la cebada. Entonces Rizpaj, la hija de Aiá, se vistió con ropas ásperas en señal de luto y se tendió sobre una peña. Allí se quedó desde el comienzo de la siega de la cebada hasta que llegaron las lluvias, sin dejar que los pájaros se acercaran a los cadáveres durante el día ni los animales salvajes durante la noche. Cuando contaron a David lo que había hecho Rizpaj, la concubina de Saúl, fue él y recogió los restos de Saúl y de su hijo Jonatán, que estaban en posesión de los habitantes de Jabés de Galaad. Estos los habían robado de la plaza de Betsán, donde los filisteos los colgaron el día que derrotaron a Saúl en Guilboé. Luego ordenó David que trasladaran los restos de Saúl y de Jonatán, y que recogieran los restos de los ahorcados; y enterraron los restos de Saúl y de Jonatán en el sepulcro de Quis, el padre de Saúl, en Selá, en el territorio de Benjamín. Todo se hizo como el rey lo había ordenado. Y después de esto, Dios atendió las súplicas en favor del país.

El narrador anónimo, del mismo modo que en la cita anterior, sitúa al lector en el contexto general en el que se desarrollará la historia: la población ha sufrido una grave hambruna durante tres años, mientras gobernaba David. En este relato el rey David aparece como protagonista de la historia, el narrador describe que consulta y escucha al Señor, dando a entender que es un rey atento a las desgracias de su pueblo y preocupado por encontrar soluciones. Posiblemente, ha entendido de parte de Dios que la desgracia por la que pasa el pueblo es por causa de los crímenes que la casa de Saúl ha ejercido sobre los gabaonitas. David cree que debe tratar con ellos para reparar el daño causado y así frenar la hambruna.

Los gabaonitas estaban protegidos ante el poder de la casa de Saúl debido al juramento que, en tiempos de la conquista les había hecho Josué (Jos 9,3-27). Sin embargo, Saúl violó aquel compromiso sagrado, matando a unos y obligando a huir a otros porque sospechaba que esta tribu intentaba colaborar con los filisteos, el mayor enemigo de Israel. El narrador, por medio de una cita explicativa, declara que los gabaonitas no eran israelitas y que Saúl intentó exterminarlos. Esta descripción permite contextualizar que el daño causado por la casa de Saúl había sido demoledor para ellos y que no lo olvidaban.

Los gabaonitas, ante la oferta de David, contestan con la demanda de que este les dé siete descendientes de Saúl. Si bien no hablan de venganza, dan a entender que con esta entrega se paga la deuda de sangre, pues serán sacrificados en el monte del Dios de Saúl. David, que buscaba frenar la hambruna, pues se interpretaba como un castigo divino por los pecados de Saúl, entrega a sus descendientes para que se haga con ellos un sacrificio expiatorio. Los gabaonitas quieren poner ante el Señor, que eligió y ungió a Saúl en el pasado, a los hijos de un rey asesino como víctimas inocentes que pagan, con su sangre, el pecado de su padre.

David acepta la demanda no sin antes hacer excepciones. Así como el narrador hace saber que David sin protestar entregará a los gabaonitas a los descendientes de Saúl, del mismo modo, describe que siente compasión por el hijo de Jonatán y nieto de Saúl, Mefibóset. A lo largo del primer libro ya se ha mencionado que David y Jonatán tenían una relación de amistad significativa y que ha hecho un juramento con él (1Sam 18,1-5): esto salva al hijo de Jonatán de la muerte a manos de los gabaonitas. Sin embargo, David no tiene aprensiones a la hora de entregar al sacrificio a los dos hijos que Rizpaj había tenido con Saúl, Armoní y Mefibóset y a los cinco hijos de Merab, hija de Saúl. Con ello se demuestra que David es un rey que, a diferencia de

Saúl, cumple su juramento. De las víctimas entregadas a los gabaonitas solo se dice que fueron ahorcadas en el monte de Saúl delante del Señor y que murieron juntos en los primeros días de la siega.

Es sabido, por lo que la historia previa cuenta, que Dios es quien ha ungido a Saúl como rey y luego a David por medio de Samuel, aun sabiendo el potencial que como monarcas tenían para hacer daño (1Sam 8,11-21). En este fragmento del relato, Dios es un personaje omnisciente del que no se conocen pensamientos, sentimientos ni voluntad. El narrador es quien va dando a entender que, por una parte, David busca solucionar la hambruna consultando al Señor y que esto le lleva a tratar con los gabaonitas. La conclusión que el lector saque queda abierta: ¿fue Dios quien mandó a David a tratar con los gabaonitas? ¿Dios ha sido el que le solicitó a David reparar el daño causado por Saúl? No es posible afirmar ni desmentir, solo sospechar que David actúa según lo que ha entendido del Señor: limpiar la tierra de la sangre derramada por Saúl.

Por otra parte, el narrador, al describir la actitud de los gabaonitas, tampoco aporta claridad sobre cuál es el rol que le atribuye a Dios en dichas acciones, puesto que lo que los gabaonitas pretenden

Limpiar la tierra de la sangre derramada por Saúl no significaba que había que limpiarla con más sangre.

realizar con los descendientes de su victimario es un gesto sacrificial en un lugar considerado sagrado por los de la casa de Saúl. Además, hacen hincapié en que quieren realizarlo delante del Señor que ha ungido a Saúl rey; con esto se sugiere que tienen un propósito con el Dios de Israel. Pero no es claro si es un acto lleno de ironía, o bien una actitud cultual que busca conectar con el Dios de los israelitas. Con todo, la espantosa muerte de los descendientes de Saúl a manos de los gabaonitas ante Dios no cambia las condiciones en la tierra: lo que no dice explícitamente, pero sí muestra el relato, es que la fertilidad de la tierra no se salva cortando los frutos de la fertilidad de la casa real. Es decir, que limpiar la tierra de la sangre derramada por Saúl no significaba que había que limpiarla con más sangre. Quizás bastaba con frenar el círculo de violencia que Saúl había desatado. Más adelante, el relato muestra que Dios cumple su promesa, pero no a costa de las víctimas que se ofrecieron como expiación.

Rizpaj, por su parte, aparece en la historia como un personaje secundario que va ganando protagonismo al final. Es una mujer viuda del rey Saúl que, por la información previa, se sabe que ha sido utilizada por Abner y ahora se señala que pierde los dos hijos que había tenido con Saúl. El sufrimiento de una madre que padece la muerte de sus hijos es indescriptible, tanto es así que no hay término para calificar su situación. El sacrificio de sus hijos Armoní y Mefibóset junto a los otros cinco nietos de Saúl sucede en los primeros días de la siega. Este dato que aporta el narrador podría ser indiferente, sin embargo, es una marca para dar cuenta del tiempo que estuvieron los cadáveres de las víctimas expuestos al sol. Desde la siega a la temporada de lluvia –de mayo a noviembre–, es un lapso prolongado de tiempo que deja en evidencia la perseverancia de Rizpaj, de quien se afirma que no se separó de los cuerpos al menos durante seis meses. A ello se añade un dato que no se menciona explícitamente, pero que sí sugiere el narrador, de que se trata de una época particularmente calurosa, seca y árida. Aunque la actitud de Rizpaj se describe en un versículo (10), a partir de los detalles que el narrador aporta es posible imaginar a esta mujer vestida como acostumbraban los hombres llevar el luto, con ropas ásperas –tela de saco– en el monte sagrado de Guibeá, contemplando con dolor la descomposición de los cuerpos de sus hijos. Pero con actitud vigilante para evitar que los animales y aves carroñeras se los comieran.

La perseverancia de Rizpaj, día y noche durante los seis meses del verano, debió estar a la vista de muchos testigos, eso llevó a que David se enterara de su actitud vigilante y protectora de los muertos. El narrador, sin mediar explicaciones ni contemplaciones sobre lo que David aprehende de Rizpaj, informa de que este decide rescatar los cuerpos de Saúl y Jonatán que habían sido robados por la tribu de Galaad después de haber sido asesinados por los filisteos. Junto a este rescate, busca la forma de darles sepultura adecuadamente. Pero no se limita a sepultar al rey y a Jonatán, sino que también busca los cuerpos de los hijos de Rizpaj y a los cinco nietos de Saúl para enterrarlos a todos juntos. En otras palabras: Rizpaj revela a David el valor y dignidad del cuerpo muerto, una acción silenciosa que habló al corazón del rey con tal profundidad y convicción que lo obligó a tomar medidas con los muertos de la casa de Saúl, su anterior contrincante. El comportamiento de Rizpaj llevó a que David reuniera en la sepultura de la tribu de Benjamín a todos los descendientes muertos con su rey y padre Saúl.

La trama del relato plantea la pregunta por los valores que están en juego en esta historia. Se expone el pecado del rey Saúl de romper acuerdos y querer exterminar a un pueblo; en contraposición con la actitud del rey David, que busca reparar el daño por la necesidad imperiosa de frenar la hambruna de la que es víctima su gente, y que se mantiene fiel a sus juramentos. Los gabaonitas, víctimas de la persecución de Saúl, en venganza piden sacrificar a siete hombres de su descendencia, empujando a David a entregar a hijos de la casa de Saúl. Por el contrario, Rizpaj vela y protege los restos de las víctimas del sacrificio. Esta mujer, marginal y marginada en el sistema por ser solo una concubina, es la que con su gesto mueve a David a que también vele por la dignidad y el respeto de los que han perdido la vida. Saúl y los gabaonitas representan la inhumanidad que desprecia la vida de los otros hasta el extremo de privar de sepultura a los muertos.

Dios vuelve a aparecer al final del relato como quien retoma en sus manos el curso de la historia, atendiendo a las necesidades de su pueblo después de haber visto que su elegido, el rey David, gracias al ejemplo elocuente de Rizpaj, subsana el daño mortal realizado por Saúl y por los gabaonitas. Hasta que David no actúa con respeto hacia sus enemigos, la casa de Saúl, Dios no cambia las condiciones de la tierra y con ello, el destino de su pueblo elegido.

La acción y determinación de Rizpaj

Mujeres y violencia

La historia de Rizpaj y la suerte final de sus hijos es escalofriante por varios motivos. En primer lugar, porque es la historia de una mujer que tiene un lugar absolutamente secundario en la corte real de Saúl, pero suficientemente importante y necesaria para que sea disputada como trofeo de guerra, signo de poder y artículo de propiedad del caudillo de turno. Su cuerpo, su afectividad, toda ella, está a merced de lo que el varón que está situado en el trono decida hacer con su cuerpo. Aunque Rizpaj tenga deseos, anhelos, pensamientos y carácter, su figura permanece sometida y subyugada a su rol en la casa real a la que pertenece. Sin embargo, la que aparece al inicio de la historia como un objeto en manos del libre arbitrio de los varones y víctima sexual de estos, cierra el relato como la mujer que cambió no solo la mentalidad de un rey, sino también la perspectiva de todo un pueblo sobre el valor de un cuerpo sin vida.

A la rudeza de la vida de Rizpaj en la corte, se añaden los pocos, pero terribles datos sobre la actitud de Saúl con los gabaonitas. Exterminación, persecución, asesinatos y crímenes de guerra no son precisamente las actitudes que se esperan de un rey ungido por el profeta de Yavé al que, desde el principio, se le ha advertido que no sea como los demás reyes (1Sam 8,10-20). Las atrocidades cometidas por Saúl tienen sus consecuencias en el pueblo, el narrador sugiere que la hambruna puede ser un castigo divino por los actos del rey. Sin embargo, Dios no se manifiesta explícitamente en el relato, únicamente se deja entrever que mueve a David a reparar el daño cometido. El sufrimiento del pueblo y el deseo de venganza de los gabaonitas son consecuencia directa del pecado de Saúl y los suyos; así el relato muestra que ningún pecado es inocuo y que la vida exterminada se cobra más vidas, como un círculo de muerte que solo un acto de respeto a la vida puede frenar.

La violencia que atraviesa toda la historia no se ejerce únicamente sobre los gabaonitas: las mujeres también son víctimas de ella, no solo porque están a la merced del que busca poder y las utiliza –como le pasó a Rizpaj– para demostrarlo, sino también por el modo en que se les arrebatan los hijos.

Una vez más, las luchas de poder entre varones ponen a las mujeres en medio y les quitan lo más valioso.

La demanda de los gabaonitas de sacrificar a la descendencia de Saúl es un acto de venganza por la sangre derramada, si bien las primeras víctimas son los siete varones que quedaban de la casa de Saúl, estos son arrebatados a sus madres, Rizpaj y Merab. Una vez más, las luchas de poder entre varones ponen a las mujeres en medio y les quitan lo más valioso: primero el dominio sobre su cuerpo, y luego, el fruto de su vientre. Estas mujeres sin voz ni poder son las víctimas de las malas decisiones, de la crueldad y de las ansias de poder de los varones a las que están sometidas. Sin libertad para mediar, evitar u objetar unas medidas crueles, su único modo de manifestar su situación y posición ante estos actos es hacer visibles los gestos que realizan en silencio como lo hizo Rizpaj.

31

Actos de inhumanidad v/s humanidad

Las medidas de venganza de los gabaonitas, escondidas bajo la solicitud hecha a David de hacer un sacrificio expiatorio con las vidas de los descendientes de Saúl, son una de las formas de tortura y condena más crueles que se conocen en la historia. El narrador relata que los jóvenes fueron entregados por David a los de Gabaón, quienes los ahorcaron en el monte. De ellos se dice que murieron juntos los primeros días de la siega. Esta explicación da a entender que fue una muerte lenta, posiblemente provocada por la asfixia y el calor sofocante propio de la época veraniega. Se trataba de una muerte humillante, en público, en el monte de Saúl a la vista y en presencia de todo el pueblo. Sin duda es un padecimiento insoportable, cuyo único alivio es la muerte. Dejarlos colgados tenía por finalidad que los cuerpos no solo quedaran expuestos a todos, sino también a todo, es decir, a ser devorados por las aves carroñeras y animales salvajes. Sin el acto vigilante de Rizpaj, los cuerpos de los condenados hubieran quedado a merced de cuervos y alimañas. Todo ello había provocado un padecimiento indescriptible en las víctimas, pero

también exponía a sus familiares y más cercanos al dolor permanente, pues al dolor por la pérdida se sumaba el sufrimiento por la prolongación del sacrificio de sus cuerpos. La prohibición de su sepultura extendía el duelo y la despedida definitiva. La permanente presencia, durante seis meses, de los cuerpos colgados y en clara descomposición perpetuaba el dolor de los sobrevivientes de la casa de Saúl, pero especialmente el de sus madres.

Ante esta historia de venganzas y actos de inhumanidad, Rizpaj realiza un signo de humanidad inimaginable. Asume el duelo en cuerpo y alma, primero vistiéndose como lo harían los varones de la casa del difunto, con tela de saco áspera incomoda al cuerpo. Con ello ejecuta lo que los varones de la casa de Saúl, casi todos muertos, ya no podían realizar: manifestar el duelo y honrar a los muertos como la tradición manda. El relato informa de que Rizpaj se queda en el monte, vigilando día y noche para que los animales, que rondaban los cuerpos colgados, no se acercarán a dañarlos. Su sacrificio de permanecer seis meses bajo condiciones adversas velando no solo a sus hijos, sino también a los nietos de Saúl hace que su gesto sea un ejemplo de dignidad y valentía humanas. Su actitud es silencio-

Rizpaj se muestra a los demás, y sobre todo ante el rey David, como una mujer servidora de la vida.

sa, pero elocuente, puesto que aun sin palabras, sus gestos hablan del valor de la vida de esos hombres y del valor de sus cuerpos a pesar de estar muertos. Su actitud es subversiva, porque frente a los varones asesinos en los que se incluye a David, el nuevo rey, ella defiende lo que nadie supo defender: el honor de la casa de Saúl y el derecho de cada ser humano de ser enterrado, despedido y sepultado dignamente. Se sacrifica a sí misma, no solo por las duras condiciones en las que permanece todo ese tiempo, sino también porque sacrifica su condición de pureza y honor, puesto que atender cadáveres la convierte en impura según la ley judía.

No obstante, Rizpaj se muestra a los demás, y sobre todo ante el rey David, como una mujer servidora de la vida. Su respuesta a una masacre salvaje y perversa, con apariencia de sacrificio que busca limpiar la sangre derramada por Saúl ante Dios, es el actuar con humanidad en medio de la deshumanización completa. Un lugar santo, como era el monte Guibeá de Saúl, por este crimen se con-

vierte en un lugar de muerte, pero con la actitud de Rizpaj, pasó a ser un lugar donde se defiende la vida y el respeto a quien la tuvo. Su vigilia atenta y perseverante denuncia la injusticia y la inhumanidad de las que es capaz el ser humano que, en nombre de Dios ejecuta y mata cruelmente a inocentes. El hecho de que David, al tener noticias de los actos de Rizpaj, cambie de opinión y busque los cuerpos de Saúl y Jonatán y luego rescate los cuerpos que Rizpaj velaba, demuestra que su acción fue reveladora y, por ello, transformadora. Rizpaj con su actitud exige superar el rostro arcaico de un dios que exige vidas humanas para apaciguarse por un Dios que reconoce el sacrificio de una mujer que, aun quedando impura y marginada, cuida y vela lo co-creado con Él, sus hijos y los hijos de Mebar.

El poder de Rizpaj: modificación de la imagen de Dios

Rizpaj con su actitud cuestiona la imagen de un Dios violento que se satisface con la violencia. La concubina del rey Saúl aparece cuidando el cadáver de sus hijos asesinados con una actitud determinada frente a la injusticia cometida por David. Con ello proclama a un Dios de presencia silenciosa, amorosa junto a inocentes violentados en sus cuerpos y en su dignidad. Revela a un Dios que se manifiesta en la acción y voz humana de una mujer que, por ser la concubina del rey muerto, es la última de la corte y por ello, la menos importante. Dios se revela en el rostro y el sacrificio de una mujer que ha sido violentada, victimizada, viuda y madre de hijos muertos.

La imagen de un Dios, cuya ira manifestada en la hambruna del pueblo se pretende apaciguar, queda obsoleta. Rizpaj muestra que Dios no quiere más sangre derramada, ni exige la muerte de los hijos por los crímenes de su padre. La acción de Rizpaj se convirtió en una denuncia de la imagen de un Dios vengativo e inmisericorde. El texto da a entender que el sacrificio de los siete de la casa de Saúl por los hombres de Gabaón estaba destinado a subsanar la supuesta causa del hambre. Sin embargo, el relato muestra que la llegada de las lluvias no está vinculada directamente con el sacrificio de los descendientes de Saúl, sino más bien con el sacrificio de la mujer. Un sacrificio distinto que tiene el poder de conmover a David y que lo lleva a restaurar el daño causado. El relato sugiere que Dios queda conforme solo cuando se había respondido a la reivindicación que Rizpaj demandaba con su actitud, la reivindicación de la justicia. La instauración del bien y el derecho ante la lógica de la guerra, la venganza y la sangre por la sangre. Rizpaj, al preservar la dignidad de los cuerpos muertos, realiza un acto de piedad que alcanza el favor divino, la tierra recupera su fertilidad, su «sanidad» una vez que es restaurada la justicia y queda restituida la dignidad de la casa de Saúl. La tierra no iba a dar fruto hasta que la sangre de los inocentes no dejara de clamar desde su vientre.

Reunir a los dispersos, reconciliar a los muertos

La concubina de Saúl, ahora su viuda, no tenía vínculo ni interacción con el rey David, sin embargo, la brutalidad de él con sus hijos y el amor de ella por los mismos los une, creando sin palabras un vínculo. La presencia permanente de Rizpaj, vestida de luto y vigilante al cuidado de los cuerpos de los descendientes de Saúl no era el comportamiento propio de una mujer. Ella se salta todas las convenciones sociales y religiosas, pero su actitud fue apreciada

Rizpaj cierra definitivamente un periodo de violencia brutal en el país.

como honorable y eso llevó a que David se comportase honorablemente. Rizpaj, que ha sufrido la batalla por el poder en su propio cuerpo, se revela como la mujer que, porque está fuera del sistema y es insignificante, tiene ojos que sí ven lo que allí está pasando: Dios está siendo maldecido en los rostros de los hijos de Saúl que cuelgan indignamente a las afueras de la ciudad de Guibeá.

Este gesto de David provocado por Rizpaj cierra definitivamente un periodo de violencia brutal en el país, devuelve la memoria de la casa de Saúl y termina con la hambruna de Israel. Los seis meses cuidando activamente de los cadáveres, protegiéndolos de cualquier profanación, la hacen impura durante todo ese tiempo, y le obligan a vivir fuera de la ciudad. Al elegir cuidar, Rizpaj se autoexcluye de la vida social, pero a pesar de estar fuera del sistema socio-político consigue que su gesto entre en la corte de David, en el corazón mismo del poder de Israel. El entierro de Saúl y sus descendientes varones por parte de David une los reinos de Judá e Israel durante casi cien años.

Memoria de los que ya no están

Como se ha visto hasta aquí, la acción de Rizpaj en el monte de Guibeá tuvo implicaciones políticas determinantes para el reino de Saúl que finalizaba y el reino de David que iniciaba su periodo. Su presencia al lado de los muertos, por una parte, mantenía viva su memoria para todos los benjaminitas y para todo Israel y, por otra parte, cuestionaba el derecho de David de ocupar el trono y los medios que utiliza para mantenerse en el poder, dejando en evidencia su complicidad en la perpetuación de la venganza entre los pueblos en disputa. En consecuencia, se puede afirmar que Rizpaj estaba creando memoria pues, al dar visibilidad a la muerte ignominiosa de unos inocentes, su actitud hizo que no pasara inadvertida ni fuera olvidada la injusticia que allí acontecía.

La memoria tiene un papel fundamental como mecanismo cultural para fortalecer el sentido de pertenencia, por tanto, la lucha de esta mujer por no dejar que desaparezcan los muertos inocentes es una lucha por no dejar que desaparezca la memoria de su casa y de su pueblo. Ella comprendía la importancia de rememorar, de hacer visible la historia, porque ella misma había sido invisible. Aunque sus hijos no iban a volver, Rizpaj no deja de luchar hasta que se reúnen de nuevo con su pueblo y quedan perpetuados en la memoria gracias a su correcta sepultura. Homenajear a las víctimas, devolverles la dignidad que otros quisieron arrebatarles, es también un modo de hacer visible a los responsables, pero, sobre todo, ayuda a que los horrores aplicados a los inocentes en el pasado no se vuelvan a repetir.

Conclusión

La elección de Rizpaj para realizar este comentario surgió en una experiencia inolvidable que tuve en Arcatao, un pueblo rural de San Salvador que, en tiempos de la guerra civil en la década de los 80 y 90 del siglo pasado, fue un lugar fronterizo con Honduras donde se resguardó la guerrilla. Mi visita a Arcatao coincidió con un acto de memoria histórica. En la parroquia Nueva Trinidad, junto al acceso, hay un árbol conocido como el «copinol». En torno a ese árbol un día de agosto se reunió todo el pueblo junto con campesinos que vinieron de las capillas cercanas para conmemorar un acontecimiento que ocurrió en aquel lugar durante el enfrentamiento entre la guerrilla y el ejército. A este fatal episodio lo llaman «la masacre del copinol» –para mayor de-

talle véase el vídeo *Masacre en Nueva Trinidad, Chalatenango, El Salvador (1981)*, escaneando el código QR–.

El sargento León, conocido por su dureza en el trato con los campesinos, a fin de presionarles para que denunciaran a los que pertenecían a la guerrilla, decidió colgar de una rama del copinol a los que se negaran a delatar a los guerrilleros. Muchos campesinos, ante la vista y la presencia de sus familiares, fueron acribillados y colgados de esa rama. Nadie quedó indiferente ante la violencia del sargento León, pues permanecían ahí durante largos periodos de tiempo a fin de intimidar a los campesinos. La única diferencia con el suceso de los descendientes de Saúl fue que aquí no permitieron que alguien cuidara de sus cadáveres, sino que dejaron que perros y buitres se comieran sus cuerpos lentamente.

Hace un tiempo la comunidad de Nueva Trinidad consultó a los supervivientes y testigos de la masacre qué querían hacer con el árbol. La decisión unánime fue cortar solo la rama de la que se colgaron los cuerpos, porque ¿qué culpa tenía el copinol de la inhumanidad y violencia del sargento León? Bastaba cortar la rama, el resto del árbol preexistente a la guerra y sobreviviente a esta, no se merecía desaparecer, pues su presencia es para la comunidad un signo de vida nueva y memorial de lo que nunca debió pasar.

El pueblo de Arcatao ha seguido, sin saberlo, el ejemplo de Rizpaj. En un momento de crisis y violencia, angustia y desesperanza, no perdieron el sentido de pueblo, casa y familia. Ante la amenaza de los poderosos, ella como los campesinos de Nueva Trinidad, respondieron actuando en nombre de todas las víctimas indefensas e inocentes. Su presencia y testimonio de lo perpetuado por los violentos fue también una lucha, pero vivida desde el sentimiento, el acompañamiento y la solidaridad que superaron la misma muerte.

La historia de Rizpaj y todo lo que le ocurre, unido a todo lo que ella hace, revela una comprensión acerca del ser humano y de Dios que no terminamos de asimilar. Por una parte, el cuerpo, una vez que ha fallecido la persona, es digno de respeto y de cuidado; Rizpaj nos demuestra que el cuerpo muerto es el vestigio, la huella, que los difuntos han dejado para su recuerdo, de ahí que merezca ser sepultado adecuadamente para que pueda ser honrado a lo largo del tiempo. Y, por otra parte, quien vela a las víctimas inocentes crea memoria de aquellos a los que intentaron hacer que desaparecieran y de los que se esperaba, precisamente, que se quedaron borrados de la historia. Rizpaj consigue que no solo ellos queden para nuestra memoria, sino que sigamos haciendo memoria de ella. Memoria de una mujer que denuncia con su perseverancia la violencia cruel que mata a los hijos y que contamina la tierra. La violencia requiere ser frenada no solo por los pobres e indefensos, sino también por los mismos poderosos que se dejaron contagiar por la maldad.

El rostro de Dios que se revela en el actuar de Rizpaj es un Dios que cumple las promesas hechas a su pueblo. Les da un rey para que se aplique la justicia y el derecho, defienda al huérfano y a la viuda y proteja al pueblo de los enemigos. Saúl, aunque fue elegido y ungido por Yavé para ser rey, no ha cumplido con la tarea designada. Y David, tampoco es un modelo de ética y justicia. Va a ser una mujer, la última de todas, la que lo ha perdido todo, su lugar en la corte, su esposo y a sus hijos y, con ello, su lugar en la sociedad, la que con su silencio y actuar elocuente transforme el pensamiento de David y evoque el verdadero rostro de Dios. Esa era la voluntad divina que David pretendió conocer cuando resolvió tratar con los gabaonitas, pero en la que no acertó a la hora de hacer justicia. Dios pedía limpiar la sangre de los inocentes de la tierra frenando la violencia y la venganza, apostando por la vida. Solo así, esa tierra regada de sangre volvería a dar vida a su pueblo. La vida a la que Rizpaj rinde homenaje es la que Dios anhela para todo su Reino. Una mujer que para la sociedad y la corte ha perdido todo su valor es, finalmente, la que descubre a David y a todos los creyentes cómo es Dios y qué anhela para su pueblo.

Esquema visual

RIZPAJ

Y su silencio elocuente

marginal

concubina

sufrimiento

víctima

liberadora

David e Isbóset

hambruna
pecado

venganza

expiación

1

control

cuerpo   masculino   hijos

silencio
elocuente

mujeres: violencia
referente silencioso

2

humanizar

valor de la vida
ser presencia: transformar

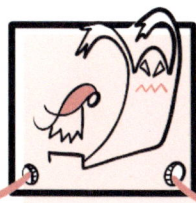
Abner abusa

Saúl: debilidad
posesión

Abner: traición

acción silenciosa
dignidad

transformación
respeto y escucha

Dios: protección

Dios: nueva imagen
piedad sanadora

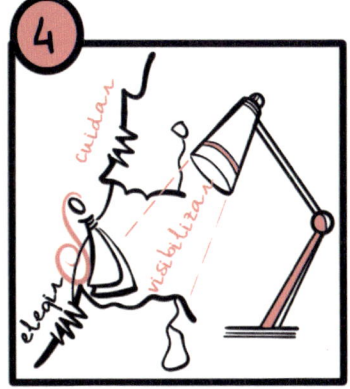
lo que parecía marginal
une

Para el trabajo individual

Una vez leída la historia de Rizpaj responde a las siguientes preguntas:

- ¿Qué rol tienen las mujeres de la casa de Saúl en las batallas políticas y militares que se dieron en los inicios de la monarquía?

- ¿Cuáles fueron los pecados de la casa de Saúl que David pretendía reparar?

- ¿Qué pretendían los gabaonitas con el sacrificio de los descendientes de la casa de Saúl?

- ¿Qué descubre David con la actitud de vigilia y cuidado de Rizpaj?

- ¿Cuáles fueron las consecuencias para el pueblo del gesto de enterrar a Saúl y sus descendientes reunidos en una sepultura?

Dinámica grupal

- Después de leer el texto haz en grupo una lista de los valores humanos/éticos que se ponen en juego a lo largo de la historia de Rizpaj.

- Comparte en el grupo, según tu perspectiva, qué valores se mantienen en la sociedad actual y cuáles han sido superados.

- Reflexionad juntos acerca de la actualidad de lo que Rizpaj revela con su actitud.

Rutinas de pensamiento

Veo, pienso,

① VEO

¿Qué acciones se ejercen sobre esta mujer?

¿Qué acciones hace ella?

② PIENSO

¿Qué valores de la mujer cambiaron el destino del pueblo?

me pregunto

ME PREGUNTO

¿Qué me revela sobre
el rostro de Dios?

¿Qué situaciones me hacen
pensar que Dios
quiere sacrificios?

¿Puedo RESPONDER
usado los tres elementos
a la vez?

Veo, pienso,

me pregunto

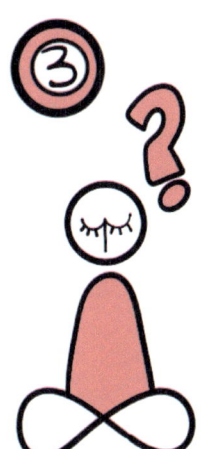

ME PREGUNTO

Bibliografía

G. EXUM, *Rizpaj,* Word & World 17/3 (1997) 260-267.

E. SOLVANG, *A Woman's Place is in the House Royal Women of Judah and their Involvement in the House of David,* Sheffield Accademic Press, Londres 2003.

R. BRANG, *Rizpah: Activist in nation-building. An analysis of 2 Samuel 21,1-14,* en Journal or Semitics 14 (2005) 74-94.

H. MCKAY, «Making a Difference, Then and Now: The Very Different Lives and Afterlives of Dinah and Rizpah», en D. CLINES (eds.), *Making a Difference. Essays on the Bible and Judaism in Honor of Tamara Cohn Eskenazi,* Sheffield Accademic Press, Londres 2012, 224-241.

Índice